GUERRIERS DE NOUKA-HIVA.

LA FRANCE A NOUKA-HIVA

Les îles Marquises (1) occupent, d'après les données statistiques récentes (2), un territoire de 1,274 kilomètres carrés et leur population s'élève à peine à 5,200 habitants. Avec Tahiti et ses autres dépendances dont elles font partie, elles représentent un mouvement d'importation et d'exportation qui, il y a peu d'années encore, était supérieur à celui de nos possessions sur la Côte d'Ivoire ou au Congo français, mouvement qui n'est, à la vérité, pas bien considérable (3), mais elles ont cependant pour notre expansion coloniale une grande importance parce qu'elles sont nos avant-postes dans l'océan Pacifique du Sud. Aussi quand, grâce à l'initiative de l'amiral Dupetit-Thouars, en 1842, elles passèrent sous notre protectorat, l'Angleterre, qui, à toute époque, n'avait cessé de viser à se créer des ports de relâche et des points stratégiques dans l'Océanie, nous y vit-elle prendre pied avec un mécontentement qu'elle ne dissimula

(1) L'archipel des Marquises (Mendana ou Nouka-Hiva) comprend douze îles divisées en deux groupes distincts. La plus grande, Nouka-Hiva, dans le groupe du N. O., a 482 kilomètres carrés. Les indigènes, de race polynésienne pure, diminuent chaque année. Il n'y a pour ainsi dire pas de colonisation, et l'île ne compte qu'une centaine d'Européens. Quelques coolies chinois qui y ont travaillé aux plantations maintenant abandonnées s'y sont établis pour leur compte; on y fait l'exploitation du coton, du fungus et du coprah. Les autres, les principales, outre Nouka-Hiva, sont Roua-Pou ou Baud; Hiva-oa ou la Dominica, Tahouata ou Santa-Christina, Fatou-Hiva ou la Madalana, Motane ou San Pedro.

(2) Ces données statistiques sont de 1892; on les trouvera dans l'*Almanach de Gotha* de 1896. (C. S.)

(3) Le commerce extérieur des établissements français de l'Océanie, sauf la Nouvelle-Calédonie, a été en 1895 de 2,546,000 francs aux importations, et de 2,064,000 francs aux exportations. La part de la France dans ce mouvement n'est que de 450,000 francs aux importations et de 234,000 aux exportations.

point. Nous traversions en effet sa politique maritime, qui, dans le Pacifique, préméditait l'annexion des îles Sandwich pour tenir la clef de l'hémisphère Nord, et celle des îles Marquises et Pomotou pour avoir la clef de l'hémisphère Sud. L'influence française, en s'y établissant, déjouait ses desseins, mais elle éveillait les susceptibilités commerciales d'une nation qui prétendait, suivant l'expression de Louis Reybaud, avoir seule le droit de s'emparer des besoins du globe et s'arroger un monopole pour y donner satisfaction. Mais de quelle utilité réelle pouvait être, pour la France, cette accession d'un territoire lointain et nouveau, ou, en d'autres termes, d'une colonie de plus? L'économiste français que nous venons de nommer indiquait, au lendemain de la ratification officielle du fait accompli par l'amiral Dupetit-Thouars (25 mars 1843, décret de Louis-Philippe), la signification et la portée de cette position maritime qui nous était pacifiquement conquise.

« Depuis quelques années, écrivait Louis Reybaud, l'océan Pacifique a pris une grande importance en matière de pêche lointaine. La baleine s'y montre en plus grande abondance que dans les mers du Nord, et y attire des bâtiments de toutes les nations et de tous les ports d'Amérique et d'Europe. On n'évalue pas à moins de cinq cents le nombre des navires baleiniers qui sillonnent les mers du Sud. Les Américains fournissent à eux seuls la moitié de ce chiffre, la France n'y figure que pour une quarantaine d'armements, année moyenne; l'Angleterre pour une centaine. Malheureusement ce n'est là qu'une industrie éphémère, les éléments de reproduction ne répondant pas à l'activité de la destruction Une pêche heureuse nuit nécessairement à la pêche suivante, et le nombre des baleines tend à diminuer à mesure que celui des baleiniers s'accroît (1).

« Quoi qu'il en soit, l'essor de nos grandes pêches devait frapper l'attention du gouvernement. Chaque année on voyait, en outre, s'accroître le nombre des navires français qui doublent le cap Horn pour visiter les échelles du Chili, du Pérou, de la Colombie, du Mexique, depuis la Conception et Valparaiso jusqu'à Guayaquil et au golfe de Californie. L'isthme de Panama est devenu également le siège d'un transit tous les jours plus considérable, et pour la protection de ces divers intérêts la France n'a pas cessé de maintenir, sur les diverses rades de l'Amérique du Sud, une station composée d'une ou deux frégates et de plusieurs corvettes. Ce déploiement de forces pouvait seul garantir à notre commerce une sécurité suffisante dans des pays troublés par des révolutions sans fin et souvent livrés aux caprices d'un pouvoir arbitraire. De tristes événements justifiaient d'ailleurs la présence d'une division navale. Sur les côtes du Chili l'équipage d'un baleinier français, naufragé en 1834, s'était vu en butte aux outrages de la peuplade inhospitalière qui habite les plateaux de l'Araucanie. Cinq matelots avaient seuls échappé à ce désastre. Les îles de Chatham, situées à l'est de la Nouvelle-Zélande, avaient servi de théâtre à une catastrophe plus horrible encore. L'équipage entier d'un baleinier du Havre avait été massacré par les naturels et dévoré dans un repas de cannibales. Aux îles Viti, plus rapprochées de la zone équatoriale, le capitaine Bureau, appartenant au port de Bordeaux, avait trouvé, avec tous ses hommes, une fin dont les détails

(1) V. à cet égard *la Mer* de MICHELET. (C. S.)

n'ont jamais été bien connus. Des attentats pareils ne pouvaient rester impunis : le capitaine de vaisseau Cécille a tiré vengeance des sauvages de Chatham; le contre-amiral Dumont d'Urville a châtié ceux de Viti et mis le feu à deux villages. Partout le pavillon français a obtenu des réparations.

« Ces faits ont dû, toutefois, démontrer la nécessité d'un établissement permanent qui surveillât à la fois les groupes de la mer du Sud et les rivages de l'Amérique occidentale. Tout le monde sentait le besoin d'une position militaire destinée à jouer dans le grand Océan le rôle de nos Antilles dans l'océan Atlantique. Le gouvernement français avait d'abord songé à l'île du sud du groupe de la Nouvelle-Zélande, ce qui eût été un choix incontestablement préférable à celui qui a été fait. L'Angleterre a malheureusement pris les devants : elle a envoyé sur ces terres vastes et fécondes un essaim d'agriculteurs écossais, des instruments d'exploitation, des missionnaires et un gouverneur, le capitaine Hobson. Le pavillon britannique flotte dans la baie des Iles et la Nouvelle-Zélande est désormais anglaise (1). Un petit comptoir français, déjà fondé sur la presqu'île de Banks, s'est vu contraint, tout en faisant des protestations, d'accepter cette suprématie. Peut-être eut-il été possible de faire deux lots de ce groupe, en adjugeant l'île du nord à l'Angleterre, l'île du sud à la France, mais cette division et ce voisinage offraient quelques périls que notre gouvernement aura voulu éviter. Comme contrepoids à l'occupation anglaise, il a pris possession des îles Marquises : on ne pouvait pas faire preuve de prétentions plus modestes (2). »

C'était donc un point d'appui à notre marine; mais il y avait une autre considération qui avait dicté notre installation aux Marquises : elles devenaient un centre à nos missions. Il ne faut pas perdre de vue, en effet, que les missionnaires ont, dans les régions sauvages, été non seulement des apôtres de religion mais des agents de civilisation, et que ces évangélistes, lorsqu'ils agissent pour l'Angleterre, leur patrie, sont encore aujourd'hui, dans bien des cas, des auxiliaires de la politique coloniale, des pionniers de la puissance nationale et de la métropole. Il en a été ainsi, comme on le sait, à Madagascar, et la Polynésie leur offrait un champ d'activité où ils déployèrent toutes les ressources dont ils disposaient. « Anglicans et wesleyens, dit encore Louis Reybaud, s'étaient emparés peu à peu des îles les plus importantes du monde maritime. Les Sandwich échurent aux wesleyens, Tahiti, Tonga et la Nouvelle-Zélande, aux épiscopaux. Ils y fondèrent des églises, y bâtirent des chapelles, et substituèrent graduellement leur influence à l'autorité des chefs indigènes. Un travail lent et continu amena la transformation des coutumes locales, qui firent place à des pratiques de dévotion trop rigoureuses pour ces peuples si libres et si insouciants jusqu'alors. En même temps l'intérêt du culte n'était pas oublié. Les évangélistes frappèrent des impôts au profit de la mission, et les insulaires de Tahiti et des Sandwich se virent contraints de payer des redevances en huile de coco, en arrowroot, en bois de santal. Ainsi tous les honneurs et tous les avan-

(1) Dès 1835, des missionnaires français avaient fondé une colonie française à Akarva, dans l'île du sud, mais quand la France, en 1840, tenta de proclamer officiellement son protectorat sur la Nouvelle-Zélande, les Anglais, prévenus de nos desseins, nous avaient précédé de quelques jours seulement!

(2) Louis Reybaud, *La Polynésie et les îles Marquises*. (Paris, Guillaumin, 1843.)

tages de la souveraineté se concentraient dans les mains des apôtres anglais, et les rois ou reines du pays n'étaient plus que des instruments dociles dont ils disposaient à leur gré, tantôt contre les indigènes, tantôt contre les Européens qui avaient la velléité d'y être en concurrence avec l'Angleterre. »

Il importait à la France d'opposer son influence à cet esprit calculateur, et comme, sous Louis-Philippe, les Pères de Picpus avaient l'appui de la reine Marie-Adélaïde, leurs sollicitations, tendant à obtenir un centre d'action dans toute l'étendue de l'océan Pacifique, furent accueillies et entrèrent en considération dans la démonstration qui, par l'occupation des Iles Marquises, fut ainsi une double réponse aux empiètements de l'Angleterre. Or, ce furent ces pensées, protection maritime et influence religieuse, qui dictèrent exclusivement la résolution prise par l'amiral Dupetit-Thouars, de concert avec le gouvernement français, présidé alors par le maréchal Soult, duc de Dalmatie.

« Il ne faut pas se bercer d'illusions, déclaraient ceux-là mêmes qui étaient alors le plus favorables à cette entreprise. Les colonies trop éloignées ne sont jamais qu'une charge, témoin les Moluques, très onéreuses au gouvernement hollandais. Les îles Marquises coûteront à la France beaucoup plus qu'elles ne pourront jamais lui rendre. C'est une occupation politique, rien de plus. »

Une plus vaste scène devait s'offrir aux efforts de la France coloniale. Déjà en 1859, M. Max Radiguet, un de ceux qui avaient assisté à l'arrivée des Français aux Marquises, en 1842, pouvait écrire dans la *Revue des Deux Mondes* : « Lorsque Tahiti, et plus tard la Nouvelle-Calédonie, attirèrent l'attention générale, les îles Marquises furent délaissées. Aujourd'hui, leur complet abandon semble à peu près résolu. » Il a été démontré depuis que cet abandon serait une faute. « Il dépend de nous, dit avec raison M. de Varigny, que ces archipels océaniens, terres françaises, deviennent riches et prospères. Il suffit pour cela d'abandonner les anciens errements, ceux que l'expérience a condamnés, et d'emprunter aux pays voisins les mesures qui leur ont si bien réussi (1). »

Peut-être ce sage conseil sera-t-il écouté, maintenant que la France possède un ministère des colonies et que les intérêts coloniaux ne figurent plus, comme jadis, pour le gouvernement, parmi les arts d'agréments (2).

Charles SIMOND.

(1) C. DE VARIGNY, l'*Océan Pacifique*. (Hachette, 1888.)

(2) Les ouvrages à consulter sur les îles Marquises sont assez nombreux. Nous citerons, outre ceux que nous avons déjà nommés, les *Derniers sauvages* de Max RADIGUET, qui est la relation très attachante de l'occupation décrite par l'amiral Dupetit-Thouars ; A. PAILHES, *Souvenirs du Pacifique, l'archipel des Marquises* (*Tour du monde*, 1875); CLAVEL, *les Marquises* (Paris, 1885); EYRIAUD DES VERGUES, l'*Archipel des îles Marquises* (*Revue maritime et coloniale*, 1877); Th. STRETHZ. *Ein Besuch auf der Marquesas* (Vienne, 1877), B. VON WERNER; *Ein deutsches Kriegschiff in der Sudsee* (Leipzig, Brockhaus, 1890), Paul BARRÉ, *La conquête de l'Océanie par les nations européennes*. (*R. géog.*, nov. 1894), et pour ceux qui veulent être captivés par le charme du style, les pages si pittoresques et si brillantes de M. Paul Claverie (Plon, Nourrit et Cie), dont nos lecteurs connaissent déjà le talent. (V. *Bibliothèque illustrée des voyages, Une croisière dans le Pacifique*, par Paul CLAVERIE.)

NOUKA-HIVA.

LES ILES MARQUISES

I

Peu d'années après la découverte de Guanahani par Christophe Colomb, les Espagnols fondèrent les empires du Mexique et du Pérou. Mais l'Espagne, qui, dès cette époque, avait le droit d'inscrire au fronton de l'arsenal de Cadix : « *Tu regere imperio fluctus, Hispane, memento* », ne pouvait arrêter là ses investigations, d'autant plus que son objectif (arriver par l'ouest aux îles aux épices) n'était pas atteint, et que ces colonies nouvelles jetées sur les côtes des deux mers, allaient servir de point de départ aux voyages ultérieurs. Du littoral américain, et en particulier du Pérou, d'intrépides navigateurs lancés dans l'immensité de cet Océan qui couvre le tiers du globe, ne tardèrent pas à ajouter de nouvelles découvertes au domaine géographique, déjà si singulièrement étendu. En 1595, l'un d'eux, Mindanao, reconnut à quinze cents lieues de la côte péruvienne un groupe d'îles qu'il nomma archipel des Marquises, en l'honneur du marquis de Canete, gouverneur du Pérou.

Après Mindanao, beaucoup d'autres navigateurs visitèrent l'archipel. Les baleiniers, occupés à poursuivre les cétacés, nombreux alors dans la mer australe, choisirent les îles de Nouka-hiva comme lieu de rendez-vous. Véritables écumeurs de la mer, hommes injustes et cruels, ils s'attirèrent par leurs excès la haine des indigènes. L'archipel était habité par des peuplades de race rouge qu'on appela *Kanaks*, mot dérivé, dit-on, du sandwichien *kanaka*, autochtone. C'étaient des colosses tatoués des pieds à la tête, parlant un langage rude, guttural, hérissé de consonnes; géants d'un commerce facile avec les étrangers, ils se livraient entre eux des combats acharnés et dévoraient, dans d'effroyables orgies, les cadavres des ennemis tués pendant les batailles. Le pouvoir despotique sous lequel pliaient ces anthropophages n'était point fait pour adoucir leurs mœurs. Asservis sous le joug de brutes sanguinaires, les *taouas*, soumis à des chefs qui les entraînaient dans les vallées voisines, leurs guerres de tribu à tribu donnaient lieu à des massacres et à des *vendettas* sans nombre. Ces *taouas*, investis de fonctions multiples, exploitaient le fanatisme et la crédulité des insulaires, en soignant les malades, en jugeant les crimes et en servant les dieux. Et cette dernière fonction avait son importance, l'Olympe des anciens Marquisiens étant fort peuplé; c'est du moins ce qui ressort des déclarations des vieillards. On cherche en vain chez les naturels, un livre, une pierre, un monument, dont l'étude puisse jeter quelque jour sur ce passé ténébreux. Débrouiller le chaos de leurs croyances n'est donc point chose aisée. On pense qu'ils songeaient vaguement à une migration des âmes vers un monde mystérieux, séjour de félicité accommodé, sans doute, par les taouas, au génie de ce peuple enfant. (Mahomet fit-il autre chose en donnant le Coran aux Arabes?) Une place d'honneur dans cet empyrée était vraisemblablement promise aux guerriers morts dans les combats, et à ceux qui avaient acquis, au milieu de leurs rixes sanglantes, le plus grand nombre de chevelures.

Toute leur religion consistait en sacrifices humains et en scènes de cannibalisme, devoirs faciles à remplir pour un peuple ayant atteint ce degré de férocité. Aussi aucune peine n'était-elle prévue pour l'éternité, de telle sorte que les Marquisiens abandonnaient cette vie sans crainte, sinon sans regret.

Tou-pa, divinité impitoyable, était le Jupiter de l'Olympe noukahivien. Tama-oua était le dieu du cocotier; Tiki, le dieu de la pêche et du tatouage, le plus connu et le plus populaire. On trouve encore partout ses idoles : il ressemble au Bouddha chinois.

Leur histoire sacrée, fort simple, est entièrement consacrée à ces quelques îles perdues dans l'Océan.

Voici, par exemple, la création : un jour, le dieu Tiki se promène en pirogue sur la mer bleue; en pêchant à la ligne, il ramène du fond les îlots qu'il appela Nouka-hiva (1). Peu après, il errait sur les plages de son nouveau domaine, en rêvant aux moyens de

(1) Ce *pêcheur d'îles* se nomme Mahoui aux îles Sandwich et Tangaloa aux îles Tonga.

peupler cette solitude : il se baissa, prit du sable. en créa une femme qu'il nomma Ohina et eut d'elle des enfants qui se répandirent dans l'archipel. Le cruel dieu Tou-pa semble être l'incarnation du mauvais génie. Il entendait que son culte fût exactement desservi, se réservant de punir impitoyablement la moindre infraction à ses volontés. Dans un accès de colère, il éleva les eaux de l'Océan jusqu'aux plus hauts sommets de Nouka-hiva : presque tous les habitants périrent. Mais il n'en vint à cette extrémité qu'après avoir essayé un autre châtiment : il existe à Nouka-hiva des mouches microscopiques, les *nonos*, qui causent des douleurs plus cuisantes que les moustiques ; la ténuité de ces insectes leur permet de s'infiltrer partout ; jamais on ne croirait qu'un corps aussi petit puisse contenir autant de férocité. Tou-pa fit entrer dans un coco tous les *nonos* de l'archipel ; il cassa le fruit entre les deux îles Oua-pou et Nouka-hiva, et en lança une moitié sur chacune d'elles. Depuis lors, des nuées de *nonos* infestent les deux îles, et les malheureux descendants des premières peuplades, affligés du péché originel, continuent à subir un châtiment dû à l'indifférence de leurs ancêtres.

Dès 1842, l'amiral Dupetit-Thouars prit possession de l'archipel (1) au nom de la France (2) ; mais pendant longtemps la métropole oublia sa nouvelle possession : l'éloignement de ces terres, le manque d'organisation, des difficultés de tout genre, peut-être aussi le peu d'empressement que les Français mettent, quoi qu'on en dise, à s'expatrier, furent cause que la colonisation n'y fit aucun progrès. Cependant, la France se souvint un jour de sa colonie océanienne : c'était en 1851, au lendemain du 2 décembre. L'empire avait intérêt à éloigner, sinon à faire disparaître les plus zélés partisans du gouvernement républicain : Nouka-hiva, presque aux antipodes de Paris, réunissait les conditions d'un internement sûr ; on y expédia quelques agitateurs, entre autres Gent et Longomazzino, qui ne furent relâchés qu'en 1854 (3).

(1) En même temps que les îles Marquises, furent placés sous le protectorat français, en 1842, les îles Wallis, Tubuaï et Taïti (îles du Vent), en Polynésie. (C. S.)

(2) Cette prise de possession se fit, à la vérité, dans les conditions les plus pacifiques, et la France eut les Marquises, comme disent les Américains, pour une chanson : il lui suffit de payer au grand-chef de Nouka-Hiva une pension mensuelle de 50 francs. Ce contrat ne lui donnait qu'une autorité toute nominale sur les autres îles de l'archipel, très indépendantes l'une de l'autre, à cause de la diversité de races de leurs populations. Les Français n'y prirent d'ailleurs pied que d'une manière sommaire. On se contenta d'établir à Nouka-Hiva une administration plus apparente que réelle en rattachant les Marquises au gouvernement général de son établissement de l'Océanie et en leur donnant le droit d'avoir deux membres dans le conseil général qui, avec le conseil privé, assiste le gouverneur. On fortifia Tahouata, pour ne pas en être chassé par les indigènes, comme il est arrivé à Houaheine dans les îles de la Société, et l'on ne s'installa même pas à la Dominica, qui est cependant la plus peuplée des îles de l'archipel. (C. S.)

(3) Ce qui est certain, c'est que jusqu'ici les Marquises n'ont rien rapporté à la France au point de vue économique. D'abord l'importation n'y a pas de

II

Essentiellement volcanique et tourmenté, l'archipel, probablement formé par les sommets épars d'un continent submergé, comprend sept îles; la plus importante, Nouka-hiva, possède l'excellente baie de Taïo-haé, entourée de hautes montagnes. Une fois entré dans le havre, on n'aperçoit de toutes parts que rochers déchiquetés, blocs suspendus aux crêtes et prêts à rouler dans la mer, affouillements inexplicables, selles arabes découpées sur le ciel. Une végétation exubérante s'étage en gradins le long des pentes; les bouraos (1) se répandent en cascades de verdure; sur le flanc des

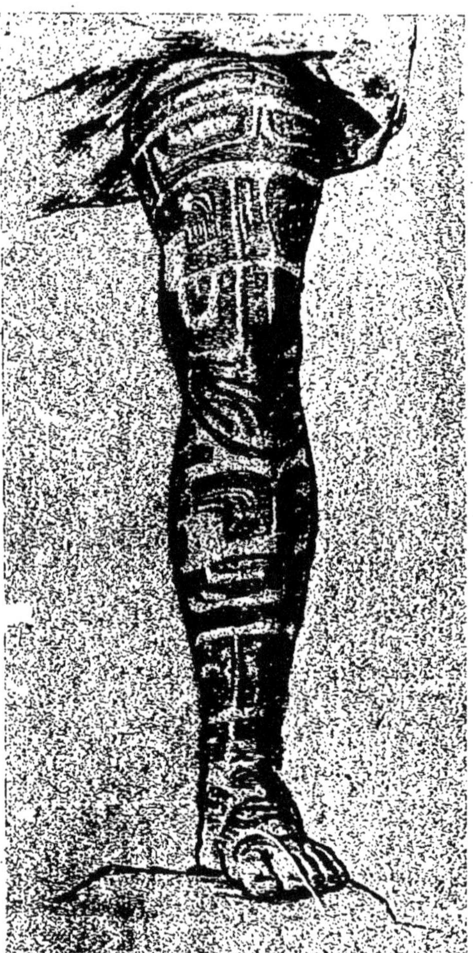

TATOUAGE DE LA JAMBE D'UN CHEF.

débouché : sa population, pauvre ou sans besoins de civilisation, ne constitue pas une quantité appréciable en ce qui concerne la demande sur le marché océanien. Il n'y a donc, dans les conditions actuelles, d'autre intérêt pour nous dans le maintien de cette possession coloniale, que le point de vue de stratégie navale, mais celui-ci s'est modifié depuis l'annexion faite par Dupetit-Thouars. La situation géographique de l'archipel à une distance assez grande des autres terres françaises le rend peu propre à seconder un ensemble d'opérations. D'autre part, Nouka-Hiva et les autres îles Marquises n'offrent point de ports de ravitaillement à une flotte, qui n'y trouverait ni charbons, ni denrées. Tout au plus pourraient-elles présenter quelque utilité dans des expéditions de courses, mais celles-ci sont peu à prévoir en ces parages où il n'y a rien à capturer. Ajoutez que les lois françaises sur la pêche y ont, par suite de l'augmentation excessive des droits de pilotage, évincé les baleinières. Les pêcheurs français, que l'on avait d'abord subventionnés, ont abandonné la partie, et ceux des autres nationalités ne se sont pas souciés de se soumettre aux taxes exorbitantes. Il en résulte que l'on n'y voit qu'à peine une fois par mois le schooner de la poste faisant le service entre San Francisco et Taïti. (C. S.)

(1) *Hibiscus tiliaceus* des botanistes.

mornes, au fond des gorges, des bois de cocotiers font songer à des plantations de chanvres gigantesques. Les touches de verdure juxtaposées sont piquées de points blancs et noirs. Regardez avec attention : ces points remuent, montent, descendent, s'arrêtent pour se mouvoir de nouveau; ce sont des taureaux, des chèvres, des moutons à l'état sauvage, au milieu de la vaine pâture.

Taïo-haé, capitale de Nouka-hiva et de tout l'archipel, est déjà

CHEF MARQUISIEN.

un centre de civilisation, relativement aux autres villages éparpillés dans les îles : elle est le point de départ de plusieurs routes; ses maisonnettes, groupées autour de la baie, commencent à subir la loi de l'alignement; quelques réverbères brûlent chaque soir pendant une heure au moins; et l'eau potable, amenée des sommets, se répand dans les habitations; je ne puis dire que le précieux liquide monte à tous les étages, chaque case n'ayant qu'un simple rez-de-chaussée. La ville commence à la *résidence* et se termine à l'évêché; les deux pouvoirs, l'un effectif et officiel, l'autre moral et non moins effectif, ignorant s'ils seraient toujours compatibles, ont mis un kilomètre entre eux.

La première maison qui frappe nos regards est ornée d'une enseigne sur laquelle on lit : « John Hart and C°. » Nouka-hiva ne déroge pas au régime de toute colonie française; j'entends par là que le trafic n'y est point aux mains de nos nationaux. Nous verrons plus loin que le commerce de l'archipel est centralisé par deux maisons, toutes deux étrangères : depuis trente ans, il n'est venu à Taïo-haé qu'un seul bâtiment de commerce français, tandis que sept ou huit navires allemands y mouillent chaque année.

Tournons à gauche et suivons l'unique chemin de la ville, au bord de la mer, ce chemin sur lequel le feu roi Témoana, vêtu de rouge et cramponné à la selle d'un cheval chilien, se livrait jadis à des courses échevelées. Ombragées par des bouraos, quelques maisonnettes de bois jetées en désordre à droite de la route se dressent au sommet de plates-formes de pierre; autour, des terrains vagues envahis par les cassiers et les goyaviers. De loin en loin, des ponts enjambent les petits ruisseaux qui dégringolent des pics. La mer bleue vient mourir en clapotant à gauche du chemin; quelquefois la houle de haute mer pénètre dans le fer à cheval; de pesantes volutes déferlent sur la plage, et le vent éparpille leurs crêtes en poussière lumineuse. A l'horizon, l'île de Ouapou, hérissée d'obélisques et d'aiguilles taillés par les agents atmosphériques, se montre entre ces deux îlots couverts de bois de fer, qui gardent l'entrée de la baie et que l'on a si justement nommés les *sentinelles*. Des groupes d'indigènes passent avec leur tatouage indigo; on dirait qu'ils portent sur le visage un loup azuré. D'autres tirent un filet sur la plage et dévorent le poisson cru, au sortir de l'eau. Voici, dans le lit d'une rivière, un immense figuier des banians dont le tronc, véritable faisceau de tiges adventices, ne mesure pas moins, m'a-t-on dit, de soixante-quinze pieds de tour. Ce colosse végétal servait autrefois de refuge à des nuées de perruches, de tourterelles, de rossignols; les collectionneurs en ont fait un tel massacre que, depuis longtemps, le banian étend tristement ses longues branches en formant des abris dont aucun être ne profite.

Quelques pas encore; nous arrivons à la maison de la reine Va-hé-ké-hou. La souveraine de Nouka-hiva s'avance à notre rencontre : ses cheveux ondulés et grisonnants flottent sur ses épaules; sa robe de mousseline blanche fait ressortir une couleur de peau semblable à celle du bois de fer. Cette bonne vieille n'entend pas un mot de français; heureusement, Mme Élisabeth, interprète et dame d'atour, nous offre ses services. Nous entrons dans une petite pièce carrée : quelques chaises, le fauteuil de la reine, une table au milieu, c'est tout l'ameublement. Une lithographie encadrée d'or représente l'impératrice Eugénie; au bas, une étiquette collée sur le verre cache le nom du personnage et porte ces mots, écrits à la main : « Maréchale de Mac Mahon. » Les Nouka-hiviens se contentent, à chaque révolution, de changer l'étiquette : c'est rapide et économique (1).

— Nous sommes heureux de rencontrer la reine chez elle, et de pouvoir lui présenter nos respects.

— Je reçois toujours les Français avec plaisir.

— La reine semble souffrante?

— Je suis un peu enrhumée, et j'ai mal aux yeux.

Or, un violent courant d'air balayait la chambre. Je me précipitai pour fermer l'une des portes; mais la reine m'arrêta :

— Non, non, vous seriez mal; il fait trop chaud aujourd'hui; mon indisposition passera comme elle est venue.

Deux ou trois poules, blanches comme la neige, font irruption dans l'appartement.

— Ces jolies poules sont à la reine?

— Oui, je les aime beaucoup; elles sont si bien apprivoisées!

Et, machinalement, je considérai les mains de Va-hé-ké-hou couvertes de méandres bleuâtres; de temps à autre, un pied nu, constellé des mêmes hiéroglyphes, dépassait le bas de sa robe.

— La reine a, sur les mains, des tatouages d'une remarquable finesse.

— Oh! j'ai souffert cruellement, j'ai beaucoup pleuré quand les taouas m'ont fait cette opération. Pendant plusieurs jours, mes mains restèrent grosses comme des méis (2). C'est en vain que je suppliai ma mère de mettre fin à mon supplice; tout fut inutile : il fallait que le tatouage des mains et des bras jusqu'à l'épaule, des pieds, des genoux, de la bouche et des oreilles, révélât ma noble origine. Ah! si ma mère avait eu les mêmes idées que le roi de Vaïtahou! Et, pendant qu'elle parlait, de petites lignes bleues perpendiculaires au sens de la bouche semblaient des muscles visibles, chargés d'assurer le mouvement des lèvres.

Mme Élisabeth, avec un verbiage dont elle avait déjà fait preuve, compléta par quelques renseignements ce que S. M. Va-hé-ké-hou venait de nous dire : — Le tatouage, exécuté au commencement de l'adolescence, était autrefois un honneur réservé aux chefs. Plus tard, cette coutume se répandit, et aujourd'hui chaque Nouka-hivien est plus ou moins couvert de ces anciennes marques de noblesse. Vous en rencontrerez partout; les uns portent une bande bleue (que nous nommons *hiamoé*), large de deux doigts, étendue sur les yeux; il est incontestable que cette ligne sombre fait valoir l'éclat du regard, et qu'elle rend énergique le visage. D'autres se font tatouer entièrement la figure, et se couvrent même le corps

(1) Le voyage relaté ici eut lieu, en effet, sous la présidence du maréchal; peut-être depuis lors a-t-on changé quatre fois l'étiquette représentant la femme du chef de l'Etat français! (C. S.)

(2) Fruit de l'arbre à pain.

de ces stigmates, de façon à produire l'illusion d'un vêtement. Le tatouage des femmes, ordinairemeut plus léger, ne comporte en aucun cas ces bandeaux bleus sur le visage. Ceux de la reine Va-hé-ké-hou méritent vraiment d'être cités comme le modèle du genre. Exécutés par différents artistes de l'île de Oua-pou (ce sont les plus habiles de tout l'archipel), on dirait que l'ensemble est l'œuvre d'un seul homme. Voici d'abord, sur les mains, des lignes légères en forme d'écailles; puis, les dessins s'agrandissent; voilà des bra-

INSULAIRE DES MARQUISES.

celets, puis des cocotiers, des poissons. Et ces tatouages sont des symboles : les écailles rappellent Tiki, le dieu de la pêche; le porc et le requin représentent la nourriture des indigènes; le cocotier balance son plumet au-dessus des îles, et fut planté à Taïo-haé par le dieu Tama-oua, ancêtre du mari de S. M. Va-hé-ké-hou, le feu roi Témoana. Cette pratique devient de plus en plus rare, Monseigneur ayant défendu de condamner les enfants à ce genre de supplice; on peut donc dire que, traquée par la civilisation, cette coutume barbare tend à disparaître. Pourtant, les indigènes qui, de père en fils, pratiquent cette industrie, trouvent encore de l'ouvrage; un Américain l'éprouva naguère à ses dépens. Cet original voulait épouser une Marquisienne de mes amies; mais celle-ci lui déclara qu'avant de songer à une semblable alliance, il fallait qu'il se décidât à passer par les mains des tatoueurs. « Qu'à cela ne tienne », répondit l'autre, et il partit pour l'île de Oua-pou. Il choisit les dessins les plus excentriques, les artistes les plus réputés, et, trois mois après, il revient tatoué des pieds à la tête, c'est-

ROCHER DE LA TÊTE DE NÈGRE.

à-dire absolument défiguré. « J'ai changé d'avis, lui dit la belle en riant; d'ailleurs, je n'épouserai jamais un homme aussi ridiculement docile. » L'Américain éconduit conserva son tatouage et le célibat : il promène fort tristement l'un et l'autre dans les chemins de l'île.

Ces dessins, qui enlacent le corps dans un réseau d'ondulations, s'exécutent avec des instruments grossiers. Les artistes percent l'épiderme à l'aide d'une sorte de peigne à dents très aiguës, sur lequel ils frappent avec une baguette. Puis ils répandent dans les trous ainsi formés de la poudre de *kokuu* mélangée au suc astringent du bananier. Pour subir la loi de la mode, cet odieux tyran. le patient supporte d'atroces douleurs, sans faire entendre une plainte. Cette opération produit parfois des accidents inflammatoires assez graves pour entraîner la mort. Il y a une vingtaine d'années, le roi de Vaïtahou, celui dont la reine parlait tout à l'heure, et qui passait pour l'homme le plus orgueilleux de l'archipel, instruit par l'expérience, et désireux de se signaler par une bizarrerie, interdit le tatouage à tous ses enfants. C'est le même qui hébergeait un vieil Européen à barbe blanche, en échange de cette barbe mise en coupe réglée, et qui servait à confectionner des aigrettes pour les jours de fête.

Pendant que Mme Élisabeth parlait, un chat, deux chats, huit chats étaient entrés à la file indienne; la reine adore les poules et les chats. Une dernière question qui, à cette longitude, n'a aucunement l'importance que nous lui connaissons en Europe :

— Quel âge a la reine?

— Oh! je ne sais pas, répondit-elle; demandez à Monseigneur; quand il vint à Taïo-haé, j'étais déjà grande. — En Océanie, les notions de l'espace et du temps font entièrement défaut aux indigènes : ils se laissent vivre, sans regretter le passé, sans songer à l'avenir, oubliant ce qu'ils ont fait la veille, ne sachant ce qu'ils feront le lendemain.

La reine, très dévouée à la France, n'a jamais cessé d'exercer sur les indigènes une influence considérable, influence qu'elle met intégralement au service de notre cause. Il y a dix ans, pendant une révolte, elle se précipita entre les combattants, et son attitude énergique amena la cessation des hostilités. La France reconnaissante lui alloue journellement une ration réglementaire (la même que l'on délivre aux soldats et aux cantinières), sans préjudice d'une pension annuelle de 600 francs; il est vrai que le budget de la petite colonie se solde en bénéfice!

Après avoir pressé les mains tatouées de la reine, il nous fut donné d'assister à une pêche au requin, sur le bord de la mer. Les indigènes, très friands de la chair de ce squale, attaquent le requin avec une audace qu'ils payent quelquefois de leur vie. Perchés sur les rochers, les Marquisiens, entièrement nus, le harpon en arrêt, épient l'ennemi, qui manifeste sa présence en montrant hors de l'eau son aileron triangulaire. Lorsqu'il arrive à bonne portée, les pêcheurs lancent leurs armes. Étourdi par le choc, le squale se débat au milieu de l'eau rougie par le sang; il plonge brusquement, revient à la surface, disparaît de nouveau, pour apparaître encore. Les indigènes vont alors le chercher à la nage, et quelquefois, à ce moment suprême, ils ont à soutenir une terrible lutte.

Nous ne pouvions passer devant la mission sans faire une visite à Mgr Dordillon. La mission joue dans l'archipel un rôle trop important, pour que le touriste n'ait pas le plus vif désir de pénétrer dans cette enceinte, et de visiter les humbles prêtres si dévoués à l'éducation des jeunes Kanaks. L'évêché, bâtiment modeste entouré d'une véranda, se cache au pied des derniers mornes de la vallée d'Oata, parmi les cocotiers, les lauriers-roses et ces curieux *puka-téa* qui élèvent à trente pieds de haut les pierres agglutinées dans les replis de leurs racines.

Mgr Dordillon, évêque *in partibus* de Cambysopolis, vétéran de la cause catholique, habite l'archipel depuis 1846. Ce digne prélat ressemble positivement à l'académicien Littré; des yeux vifs brillent par instants derrière ses lunettes d'or, et sa chevelure noire ne contient pas un fil d'argent. Homme fort habile, cachant une grande finesse sous une bonhomie et une politesse exquises, il exploite une surdité moyenne au mieux de ses intérêts. Doué d'une activité peu commune, il a su conquérir dans les îles une influence morale considérable. L'interprète de la reine, Mme Élisabeth, donnait la mesure de cette puissance en figurant avec la main une hauteur proportionnelle à l'importance des autorités : « Le résident », disait-elle en plaçant la main à vingt centimètres au-dessus du sol; le gouverneur de Taïti », et la main s'élevait de vingt nouveaux centimètres; « l'amiral commandant la station navale de l'océan Pacifique », et elle montrait soixante centimètres; « Monseigneur », et la fille de la reine se haussait sur la pointe des pieds, afin de porter la main le plus haut possible. Ainsi l'évêque, et j'ai pu constater que tel est le sentiment de la population indigène, est considéré comme le pouvoir le plus important.

La reine, après avoir perdu la fille qu'elle eut du roi Témoana, adopta plus tard Mme Élisabeth, chargée, nous l'avons vu, du double rôle d'interprète et de dame de compagnie; puis un fils nommé Stanislas, qui parle également bien le français, l'espagnol et l'anglais, sans compter le kanak, sa langue maternelle. Tel est, par droit d'adoption, l'héritier présomptif de la puissance toute morale, la plupart du temps négative, exercée par la reine. Tout jeune, on l'envoya à Valparaiso pour y compléter une éducation sommaire ébauchée à la mission de Taïo-haé. Un beau jour, il partit d'ici un Kanak; trois années plus tard, on vit revenir un centaure. Perpétuellement à cheval, il parcourt au grand galop les ravins, les fondrières, les sentiers remplis de cailloux roulants, au risque de se rompre les os. Un parchemin suspendu à sa muraille et signé de l'amiral Cloué, ministre de la marine, fait foi des marques d'attachement que le fils adoptif de Va-hé-ké-hou n'a cessé de donner à la France : c'est le brevet d'une médaille d'or, récompense des secours effectifs prêtés par lui à notre cause pendant la révolte de Hiva-hoa, en 1880; chef des volontaires indigènes, il éclaira la marche des colonnes, il opéra des surprises et déconcerta les Marquisiens en faisant échouer tous leurs plans : « Qu'arriverait-il, lui disais-je à ce propos, si les Français quittaient demain Nouka-hiva ? — Dans trois jours on ferait de l'eau-de-vie de coco, et dans huit jours on se battrait. »

L'AUTEL DU FÉTICHE.

S'il rend d'éminents services pendant la guerre, il ne s'endort pas sur ses lauriers en temps de paix : il surveille l'exécution des routes jalonnées par le *résident;* il s'emploie à la captation des sources, il est le grand organisateur des chasses aux chèvres sauvages. Il couche, au besoin, dans les fourrés, à la belle étoile, harcelé par les moustiques, prêt à remonter à cheval aux premières lueurs de l'aube. Stanislas eut le don de nous émerveiller par la sagacité dont il fit preuve en conduisant une de ces chasses. Cent rabatteurs forment, en travers d'un promontoire, un cercle

LA OUPA-OUPA, DANSE MARQUISIENNE.

qu'ils resserrent de plus en plus; les chèvres, affolées, bondissent de toutes parts et se laissent peu à peu acculer vers la mer. A la fin ces animaux, perchés sur des aiguilles, prennent des positions d'équilibre invraisemblables qui justifient pleinement l'expression : *sentiers de chèvres;* elles galopent le long des falaises presque verticales avec une témérité qui souvent leur apporte le salut. Mais le plus grand nombre, arrivées à l'extrémité de cette roche Tarpéienne, se précipitent d'un bond de cent pieds de haut dans la mer, où des embarcations viennent les recueillir.

La reine, nous venons de le voir, a adopté un fils et une fille; nous devons ajouter que c'est là une coutume générale dans l'archipel. Chez les Marquisiens (et ceci pourrait s'expliquer par la rareté des enfants), l'adoption joue un si grand rôle que la famille, telle que nous la connaissons, n'y existe pour ainsi dire pas. Un enfant vient-il à naître? Une personne quelconque l'adopte et constitue, au point de vue nouka-hivien, sa famille légale. Cette habitude est poussée si loin qu'un enfant, pris au hasard, ne connaît pas toujours le femme qui lui a donné le jour : c'est une variante des enfants mis en commun chez les Spartiates, et je ne serais pas étonné que, pendant les guerres intestines qui décimaient les tribus, il ne se fût trouvé de nouveaux Œdipes. En tout cas, aux îles Marquises, l'établissement de l'état civil est aussi hérissé de difficultés que celui du cadastre. Le territoire de ces îles montagneuses était divisé en vallées, et chaque vallée appartenait à un chef, par droit d'hérédité. Sous l'autorité de ce chef, les habitants étaient admis à cultiver la terre, sans en être jamais les possesseurs effectifs. De là aucune délimitation et des contestations sans nombre.

Nous avons déjà parlé du *résident;* c'est le fonctionnaire sous l'autorité duquel est placé l'archipel entier. Depuis 1852 un officier de marine porte ce titre; et les fonctions de cet agent sont loin d'être une sinécure. De sa maison sur la plage de Taïo-haé, à l'entrée de la vallée d'Hakapéhi, il tient les ficelles qui aboutissent à des gendarmes, dans les îles. Le résident est à la fois maire et préfet, commandant des troupes, consul de toutes les nations, médecin, juge, ingénieur, hydrographe, commissaire de police, agent général des mœurs : c'est beaucoup demander, même à un officier de marine. Enfin il administre la colonie et signe des arrêtés, sous l'autorité du gouverneur de Taïti (1). Mais l'archipel de la Société est à trois cents lieues de là, et nombre de questions sont forcément laissées à l'initiative du résident. Il a sous ses ordres, à Taïo-haé : un brigadier, deux gendarmes, cinq *moutoi*

(1) C'est à Taïti que réside le gouverneur des « établissements français de l'Océanie », qui comprennent les îles Taïti et Mooréa (occupées en 1842 et 1880). les îles Sous-le-Vent : Raiatéa, Bora-Bora, Houaheine, etc. (occupées en 1881 et 1887), les îles Marquises (occupées en 1842), les îles Gambier (occupées en 1844 et 1881), l'île Rapa (occupée en 1867 et 1881), les îles Wallis ou Uvea (occupées en 1842 et 1887), les îles Foutana ou Hoorn et Alobi (occupées en 1887), les îles Pomotou, Touamatou ou Basses (occupées en 1844), les îles Tubuaï et Bass (occupées en 1842 et 1880).

La Nouvelle Calédonie, française depuis 1853, forme une colonie à part avec les îles Loyalty (Loyauté), Chesterfield, Huon et des Pins.

(surveillants indigènes), quatre soldats d'infanterie de marine et un caporal. Telles sont les forces imposantes chargées de maintenir dans le devoir les mille habitants de Nouka-hiva. Un capitaine d'artillerie porte à Hiva-hoa le titre de sous-résident; chacune des autres îles est placée sous l'autorité d'un gendarme.

Le gendarme mérite une mention spéciale : juge incorruptible, médiateur impartial, conseiller prudent, il jouit dans tout l'archipel d'un pouvoir incontesté, d'une considération justement méritée. Comme le résident, il réunit, quand il est seul, une foule de spécialités : construire des routes, dresser des procès-verbaux, surveiller les mœurs, visiter les conduites d'eau, diriger les battues aux déserteurs, rédiger des rapports politiques, rendre une justice à compétence limitée, telles sont ses occupations les plus usuelles. On conviendra que ces services multiples nécessitent une intelligence supérieure à celle que comporte sa position sociale.

Les contreforts qui bornent la rade ouvrent cinq vallées en éventail autour de la baie; de petites rivières arrosent ces coupures envahies par une végétation luxuriante et sauvage. Prenons la plus importante, celle de Pa-ki-ou, dans laquelle serpente la route d'Atichéou (c'est la voie qui relie les deux écoles de la mission). Le chemin, encaissé d'abord entre des goyaviers et des cocotiers, côtoie un ruisseau qui sautille sur des blocs de lave noircie. De curieux bouraos se penchent au-dessus des cascatelles, comme pour élargir le cône d'ombre jusqu'au maximum; leur tronc, rampant d'abord, s'élance tout à coup et s'épanouit en une infinité de branches, comme un bouquet de feu d'artifice. Çà et là, le torrent se répand en bassins naturels, et la nappe étendue n'est ridée que par la chute des fleurs jaunes des malvacées. Au bord de l'eau, le *pandanus*, soutenu par des faisceaux de racines aériennes divergentes, projette de tous côtés des fruits de corail. A cent pieds de haut, les panaches des cocotiers ondoient en pleine lumière. Puis ce sont les méis aux larges feuilles, découpées comme celle de l'acanthe, des buissons de piments rouges, des citronniers, des orangers, des barringtonia, dont les noix broyées et jetées à la mer ont la propriété d'endormir le poisson. Les papillons voltigent; les *komakos* emplissent l'air de leurs chants mélodieux qui rappellent ceux du rossignol; des porcs s'enfuient à toutes jambes dans les halliers, en faisant craquer les branches. Le chemin grimpe rapidement sur le flanc des mornes, non sans se transformer, de loin en loin, en un véritable escalier. Sur la première crête, il faut reprendre haleine et regarder au-dessous de soi : la verdure multicolore, plaquée d'ombres fugitives par le passage des nuages, s'étend pressée jusqu'à la mer bleue. De tous côtés, des cônes aigus trouent ce manteau de verdure; tout au loin, l'île de Oua-pou profile ses clochers et ses obélisques sur les vapeurs de l'horizon.

L'un de ces pics surgit du fond d'une vallée dont les flancs s'ouvrent comme les décors d'un vaste théâtre; des arbres de fer au léger feuillage en couronnent la cime; ses flancs abrupts et hérissés de cocotiers s'enfoncent dans des massifs impénétrables. Toute vie semble avoir cessé au milieu de ce sombre paysage : les rossignols se taisent, les papillons ont disparu; les animaux sauvages eux-mêmes désertent la vallée. L'endroit où nous sommes est un lieu *tabou*, c'est-à-dire sacré; voici l'origine de cette mystérieuse interdiction : c'était dans les premières années de la conquête; les deux filles d'un chef dont le nom m'échappe avaient été arrêtées pour tapage nocturne : *inde iræ*. Les indigènes jurent de tirer de ce procédé une éclatante vengeance. Peu de jours après, cinq artilleurs surpris par eux dans la campagne sont, en un clin d'œil, désarmés, massacrés et traînés au pied du pic pour y être dévorés, comme si une sorte d'instinct avait guidé les cannibales vers ce site sauvage. Expédié en toute hâte, un détachement arriva à temps pour empêcher l'odieux festin. Dans la suite, le morne fut déclaré *tabou*.

TATOUAGE DU BRAS GAUCHE.

Séparé de mes compagnons, j'allais franchir un amoncellement de laves noircies, lorsque la vie, que je croyais éteinte, se présenta sous la forme d'une famille de sangliers. Les défenses en avant, les soies hérissées, ils s'arrêtèrent, attentifs à tous mes mouvements et semblant tenir conseil. J'étais fort perplexe, lorsque les marcassins, regardant sans doute comme peu prudent de me disputer le passage, regagnèrent les taillis en toute hâte, Je continuai donc à gravir la route désormais libre, avec circonspection et en me promettant bien d'apporter dorénavant mon fusil en même temps que mes pinceaux.

Perdu dans ces solitudes, on éprouve une sensation de bien-être et presque de délivrance en apercevant la fumée d'une hutte : à droite du chemin, une case élevée sur une plate-forme de pierre sert de refuge désigné à cinq indigènes de Hiva-hoa. A notre arrivée, les uns travaillaient aux alentours, et, sur la plate-forme, deux d'entre eux brassaient la *popoï* avec acharnement. — Ces indigènes, nous dit le résident, internés ici depuis trois ans, ne sont que de vulgaires assassins ou des insurgés pris les armes à la main. Mais ce mot *assassin*, qui évoque à notre esprit européen une idée de préméditation, de guet-apens ou de sauvage vengeance, n'a plus ici la même portée, et ces hommes doivent être considérés à travers le prisme de l'indulgence. En les voyant, on dirait, en effet, les plus honnêtes gens du monde; leurs larges

PÊCHEUR MARQUISIEN.

faces s'illuminent par instants; ils vous apportent des cocos et vous saluent d'un *kaoha* (1) sonore. Leur chef, Ka-hou-piaou, un des hommes les mieux proportionnés et les plus tatoués que j'aie jamais rencontrés, représente à merveille ces anciens chefs superstitieux et despotes, en tout temps prêts à combattre et à

(1) Bonjour.

répandre le sang. Un jour, un *taoua* lui dit : « Va trouver le chef Maha-toua et coupe-lui la tête. » Sans sourciller, sans chercher à pénétrer le motif de cet acte de rigueur, Ka-hou-piaou se mit en route et rapporta la tête. Le fanatisme de cet homme est considéré comme expié par un exil de trois ans. Il ne faut pas oublier que l'internement de ces malheureux équivaut presque aux travaux forcés ; on leur fait cueillir du coton et des cocos; on les emploie à *lasser* (1) les bœufs sauvages dans les halliers et à les embarquer pour les îles voisines, besogne difficile et périlleuse. Lancés quelquefois sur les traces des déserteurs, ils déploient dans cette chasse à l'homme toutes les ressources d'un esprit fertile en expédients et d'un corps accoutumé à toutes les fatigues. Ces chasses ont lieu chaque fois qu'un bâtiment américain relâche à Nouka-hiva. L'équipage de ces navires est un composé d'Anglais, d'Irlandais, d'Écossais, de Russes, de Français, d'Espagnols, de Chiliens; en un mot, les diverses nations du globe y tiennent autant de place que les citoyens de l'Union. Inutile d'ajouter que ces représentants ne sont pas choisis parmi l'élite des peuples auxquels ils appartiennent. En 1883. le *Wachussett* eut onze déserteurs le jour de son arrivée. Le commandant américain promet une récompense de dix dollars par individu ramené : gendarmes, moutoïs, indigènes d'entrer en campagne, les uns armés de revolvers, les autres de sabres, et les derniers armés de leurs seuls tatouages. Les Kanaks, organisés en *détectives*, se mettent à battre les fourrés, et rampent comme des serpents sous les massifs ténébreux : le soir, tous les délinquants étaient arrêtés.

Grâce à la liberté relative dont ils jouissent et à l'espoir de regagner leur île dans un avenir prochain, les prisonniers de Hiva-hoa ne font entendre aucune plainte. Une chose pourtant les inquiète : un reste de fierté naturelle les empêche de comprendre que, d'un trait de plume, on ait pu les instituer citoyens français. A la suite d'une admonestation, le résident, à bout d'arguments, leur disait un jour : « Enfin, vous êtes citoyens français...

— Nous, Français? regarde-nous », répliquaient-ils; et, relevant leurs *paréos*, ils exhibaient des tatouages invraisemblables.

Dès que nous fûmes à portée, Ka-hou-piaou et ses compagnons s'éclipsèrent; ils revinrent quelques instants plus tard, avec des cocos pleins d'un lait frais et abondant. Sur ma demande, Ka-hou-piaou et ses compagnons posèrent avec la meilleure grâce; les tatouages dont ils étaient couverts méritaient une longue étude, et je ne craignis pas, je l'avoue, de prolonger la séance : on ne vient pas tous les jours à Nouka-hiva, fût-ce pour y trouver de superbes tatouages. Le soleil baissait; il était temps de redescendre, afin de ne pas se trouver à la nuit parmi les cailloux roulants du chemin.

(1) Prendre au *lasso*.

Nous avons tout à l'heure écrit le mot *tabou*. Ce mot jouait autrefois un grand rôle dans la vie du Marquisien : il importe de l'expliquer. Le *tabou* avait pour but de mettre un objet quelconque, personne ou chose, en interdit. Puissant levier dans les mains du détenteur du pouvoir, les anciens chefs, autocrates sans contrôle, en firent un moyen de gouvernement, et c'est au tabou qu'il faut attribuer l'origine de la propriété. Un bâtiment venait-il mouiller dans une anse? le chef étendait la main, prononçait les deux syllabes solennelles *ta-bou*, et, par ce seul fait, il était seul admis à faire des échanges avec les étrangers. De nos jours cette pratique a eu quelques applications : en 1813, Porter lâche des chèvres dans les montagnes de Nouka-hiva; désireux d'en laisser perpétuer l'espèce, il les couvre du tabou. Les oiseaux sont très rares dans les archipels polynésiens; il existe dans les forêts de ces îles une sorte de rossignol appelé komako dans la langue indigène : on a décrété une amende de quinze francs contre tout individu reconnu coupable d'en avoir tué ou pris un. Ainsi, la sage application du tabou peut avoir un but réel; mais que dire des prohibitions vexatoires en vertu desquelles les femmes ne pouvaient entrer dans les pirogues, porter des ceintures blanches et rouges, ni coucher audessus d'un chien? Pour assurer l'efficacité d'une semblable coutume, il fallait qu'une punition exemplaire frappât le téméraire convaincu de l'avoir violée. C'est ainsi que les Marquisiens le comprirent : le casse-tête ou la zagaie faisaient bonne et prompte justice; peu d'heures après, le cadavre de l'audacieux gisait dans les taillis, et les taouas déclaraient à la crédule multitude que le dieu s'était vengé. De nos jours, le tabou est avantageusement remplacé par le gendarme.

Au fond de la vallée d'Oata, une cascade blanche d'écume bondit, de place en place, jusqu'à la mer. On peut, en suivant les sentiers kanaks, franchir aisément quelques centaines de mètres, bien que tout soit en friche, abandonné à une végétation vivace et aux animaux errants. Un peu plus haut, on rencontre des massifs inextricables; il faut lutter corps à corps avec les bambous et les goyaviers, sans compter les *nonos*, qui semblent porter une affection particulière à cette vallée. Çà et là, on rencontre une multitude de cases abandonnées : la mort dépeuple la campagne, et les survivants se rapprochent du littoral. Nous allions renoncer à l'ascension quand, après avoir franchi un épais fourré, nous découvrîmes une clairière étendue. Autour de l'espace vide, une série de platesformes en ruine et, au milieu, un *paé-paé* plus élevé que les autres : c'était l'emplacement d'une de ces *koïkas* ou fêtes anciennes, toujours terminées par des scènes de cannibalisme, heureusement abolies par l'occupation française. Quand les guerriers, au retour d'une expédition contre une île voisine, échouaient leurs pirogues chargées de prisonniers sur la plage de Nouka-hiva, le ronflement

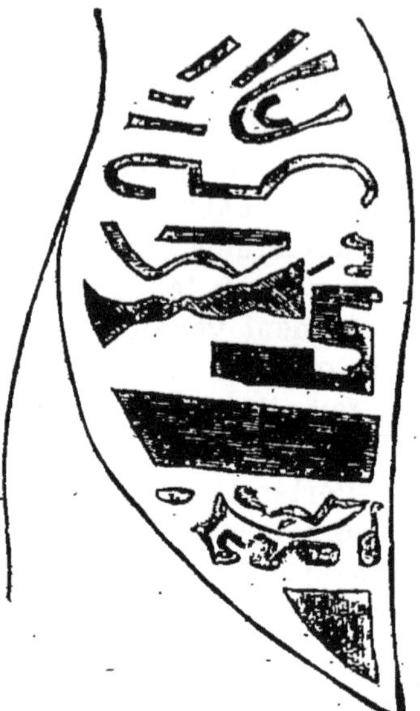

TATOUAGE DE LA POITRINE.

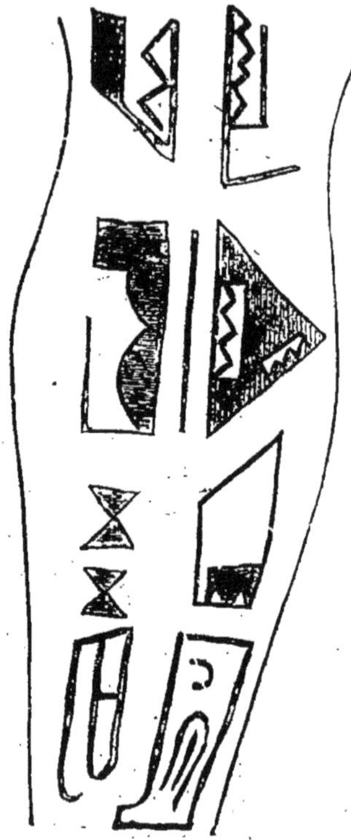

TATOUAGE DE LA JAMBE.

TATOUAGE DU PIED.

TATOUAGE DU PIED.

des conques marines ébranlant les échos des vallées annonçait la victoire aux tribus d'alentour; grands et petits, hommes et femmes, tous accouraient comme des fauves, pour prendre part à la curée. Les prisonniers, traînés parmi les rochers et les broussailles, pous-

LE PASSEUR MARQUISIEN.

saient des hurlements de douleur; mais une fois garrottés sur l'autel central, ils attendaient, sans sourciller, l'instant du sacrifice : pour eux, la mort n'était que le passage d'une vie dans une autre, le départ pour des contrées mystérieuses, départ auquel ils songeaient sans crainte, comme sans joie.

Tout contribuait à rendre hideux l'aspect de ces saturnales : après l'hymne à Tépoua et les incantations des taouas, le sacrificateur, vêtu d'un manteau rouge, égorgeait les victimes, et, pendant que le sang ruisselait, les géants tatoués dansaient une ronde infernale autour de *paé-paé;* ils brandissaient leurs armes en poussant d'affreux hurlements. Des couronnes de dents de marsouin, des aigrettes en barbe de vieillard ornaient la tête des guerriers; des colliers de coquillages rebondissaient sur leur peau noircie; les chefs portaient à la main comme insigne de commandement des bâtons surmontés de chevelures d'ennemis; des crânes humains remplis de cailloux et suspendus à leur ceinture marquaient le rythme du sabbat, et des branches de cocotier enflammées répandaient une lueur sinistre sur tous ces corps ruisselants.

Semblables à de jeunes tigres, les enfants assistaient à ces tragédies sauvages; le tatouage n'avait pas encore fait d'eux des guerriers, ils ne suivaient pas les chefs dans ces embuscades et ces luttes sans merci, où des tribus entières disparaissaient. Mais leurs yeux flamboyants indiquaient assez leur ferme résolution de ne pas déchoir. Cependant l'eau-de-vie de coco coulait à flots; les crânes des victimes emplis de *kava* circulaient à la ronde, et les scènes d'anthropophagie commençaient... Lorsque le soleil se levait radieux dans la brume violacée du matin, les guerriers, alourdis par les vapeurs du kava, sommeillaient au milieu des herbes, et les bûchers fumaient encore.

Aujourd'hui l'anthropophagie vient encore défrayer les conversations; mais on n'en cite plus que des exemples isolés. Les indigènes ont abandonné les solitudes peuplées de *nonos,* pour se livrer à la vie plus facile et plus productive de la plage, et les koïkas ne consistent plus qu'en une absorption considérable de porc et de requin. A l'époque de la fête nationale, le résident préside le festin, et les indigènes, accourus des îles environnantes au nombre de plusieurs centaines, mangent et boivent jusqu'à la nuit. Mais si le cannibalisme n'existe guère qu'à l'état de légende, l'ivrognerie reste le vice capital des Marquisiens. Bien que d'un naturel fort doux, ces indigènes, soumis à l'influence de l'alcool, se livrent à des violences inouïes : on en éprouva récemment les effets, lors de la révolte de Hiva-hoa. Aussi dut-on combattre énergiquement les trois ennemis qui se nomment : kava, opium, eau-de-vie de coco.

Le *kava* (*piper methysticum* des botanistes) est une macération de la racine du kava; les anciens Marquisiens en buvaient beaucoup pendant les fêtes. Cette liqueur produit une sorte de torpeur, un engourdissement général; son abus mène à l'hébétation, et l'usage prolongé de ce breuvage a peut-être singulièrement contribué au dépeuplement des îles. On avait jusqu'ici toléré l'usage de cette boisson funeste; mais le résident actuel a ordonné l'extirpation de tous les plants de *piper methysticum.*

Le fermier de l'opium à Taïti a un représentant à Taïo-haé, et un autre à Hiva-hoa. Partout où se trouvent des travailleurs, on doit leur en vendre, la ferme l'exige; l'opium fera le tour du monde avec les sujets de l'empire du Milieu : il a, depuis peu, obtenu droit de cité aux îles Marquises, et déjà son débit, sa consommation et l'abus qu'on en peut faire sont soumis à des règles précises. Chaque Célestial ne peut en recevoir plus de 100 grammes par mois, et sous peine d'une amende de 500 à 3,000 francs, un arrêté de 1877 défend d'en vendre ou d'en donner aux indigènes, ce qui fait dire à tout le monde que Mme Élisabeth a des grâces d'état : condamnée deux fois pour ce fait, la pipe dont elle se servait constitue un des plus curieux ornements du greffe de Taïohaé. Malgré de nombreuses condamnations, presque tous les Nouka-hiviens consomment de l'opium : ils le mangent et ils le fument, à tel point que dernièrement un fumeur ayant subi une amputation, le médecin dut lui prescrire de l'opium à forte dose, afin d'éviter les accidents pouvant survenir à la suite d'une suppression complète. Les ravages exercés par ce narcotique sont tels que, non seulement l'évêque et les notables ont demandé des mesures restrictives, mais, chose bien plus remarquable, l'agent lui-même de la ferme veut diminuer la quantité allouée à chaque Fils du Ciel. Peut-on arriver à limiter l'usage de l'opium aux seuls Chinois? La chose paraît difficile; il serait encore plus simple de supprimer le Chinois lui-même.

L'eau-de-vie de coco produit aussi des effets terribles sur les indigènes; ce liquide provoque chez eux une excitation extraordinaire et les pousse à commettre des assassinats. Son absorption a été la cause principale de toutes les guerres. Les chefs l'ont couverte du *tabou,* et l'autorité française en a interdit l'usage d'une façon absolue. Depuis 1882, il n'y a eu qu'une seule tentative de distillation dans la petite île de Fatou-hiva, au sud de l'archipel. Les vieux Kanaks habitants des vallées, incapables de se défaire de leurs instincts d'ivrognerie et ne pouvant plus se procurer l'alcool nécessaire à l'assouvissement de leur passion funeste, arrivent à s'enivrer avec des produits à la fabrication desquels Jean-Marie Farina et Lubin ne sont pas étrangers.

L'un des plaisirs habituels de ce peuple enfant, c'est la *oupa-oupa,* ou danse indigène. A la grande joie du public, les artistes chorégraphiques se donnent rendez-vous chaque soir. Le décor magnifique est fourni par la nature elle-même : point de dessous, de toile de fond, de trucs ni de portants; un ciel limpide étincelant d'étoiles, des pics biscornus, les silhouettes fantastiques des cocotiers et la lune qui montre son croissant au-dessus des montagnes. La *oupa-oupa* des Marquises est, avant tout, une danse des bras et des jambes; les mouvements souples et gracieux qui la distinguent font un contraste frappant avec le tatouage bleuâtre qui donne aux exécutants une expression sauvage et sinistre

Rangés sur deux files, les groupes d'hommes et de femmes s'allongent, se resserrent, se croisent et reviennent avec un sérieux imperturbable. D'abord le chef, muni d'un sifflet, annonce sommairement chaque figure. Puis, aux sons pressés du pao (1), les groupes s'ébranlent en cadence; chacun obéit au sifflet, comme un soldat prussien; le même geste, la même pose répétés simultanément par cinquante sujets, rappellent l'aspect hiératique de certains bas-reliefs égyptiens. Dans les intermèdes, le *pu-ihu* (flûte à trois trous dont on joue avec le nez) laisse échapper ses trois notes monotones, séparées d'un demi-ton l'une de l'autre. Les sons lugubres du puihu répandent une tristesse inusitée quand ils retentissent le soir au fond des bois, alors que tout sommeille dans la nature et que les végétaux gigantesques, les bras étendus, semblent voués à une éternelle immobilité.

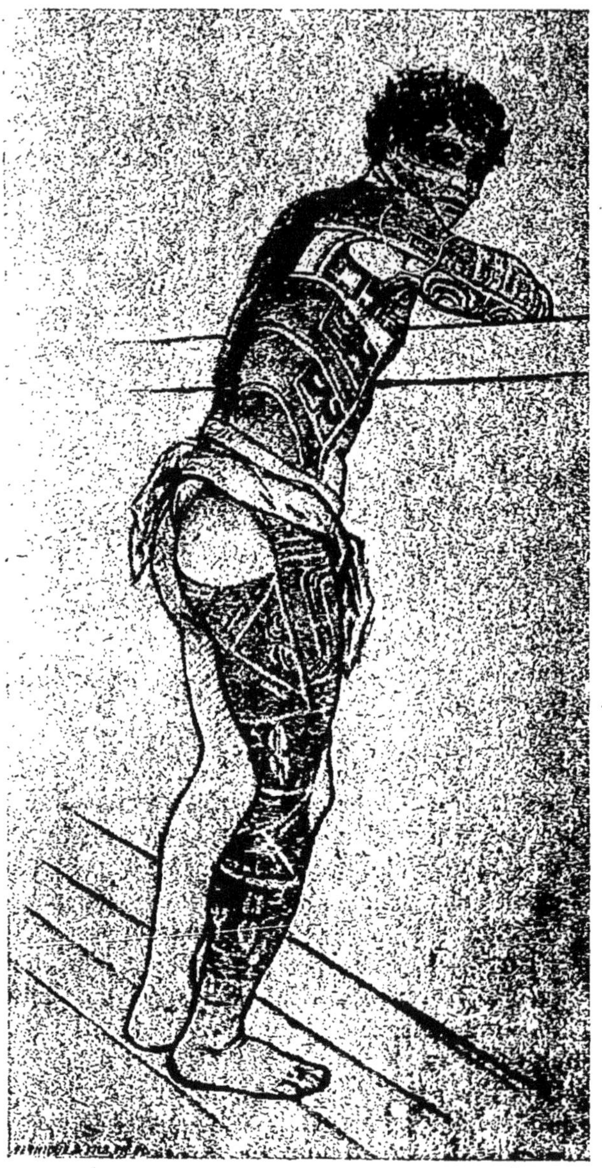

NATUREL DES ILES MARQUISES.

Quand il n'y a point de lune, l'impresario construit un ajupa en

(1) Tronc de cône en bois creux garni d'une peau de requin.

branches de cocotier, et, le soir, des lampes éclairent la scène avec une flamme fuligineuse. Parfois on entend alors un bruissement de feuilles : c'est un cheval en liberté qui broute pacifiquement les clôtures ; personne n'y prend garde, et la fête continue. Quel profit

GUERRIER MARQUISIEN.

l'impresario tire-t-il de ces représentations ? On ne le saurait dire. Il compte peut-être sur la générosité de l'assistance ; mais trop fiers pour éveiller ce sentiment chez les auditeurs, le plus souvent les danseurs se retirent, après avoir mimé à leur propre satisfaction les morceaux préférés de leur répertoire. Dans quelques années, grâce à la civilisation bienfaisante qui s'infiltre dans l'archipel, il faudra faire passer les Marquisiens sur un pont d'or pour obtenir d'eux qu'ils exécutent les diverses figures de la oupa-oupa. Déjà les résultats de l'influence étrangère s'étalent au grand jour : d'un côté, l'Europe a apporté l'alcool ; de l'autre, la Chine a importé l'opium : « Choisis, a-t-on dit aux naturels ; voici deux poisons qui porteront à ta santé le plus grand préjudice. » Et, dans leur insouciance, ils les ont pris tous deux. On a dit, en outre, à l'indigène : « Ton pays, situé sous l'équateur thermique, est l'un des plus chauds du globe, je le sais ; ton tatouage constitue à peu près ton seul vêtement, et je reconnais que ce pseudo-costume est en harmonie avec le climat brûlant où tu es obligé de vivre ; pourtant il faut écouler les cotonnades de Manchester et les indiennes de Rouen ; d'ailleurs, il faut aussi sauvegarder la décence, au prix même de ta santé. Toi, homme, adopte nos pantalons et nos chemises ; toi, femme, laisse là tes vêtements en écorce de *méi* aux plis anguleux ; prends une longue robe aux manches étriquées. Hommes et femmes, vivez dans la crainte sacrée du gendarme. » Et ces indigènes, timorés et naïfs, se sont habillés comme nous et ont la crainte que vous savez. Ainsi la vieille Europe a imposé à ces cannibales des habitudes tout extérieures ; elle leur a créé des besoins factices afin de se rendre indispensable, sans avoir pu jusqu'ici les astreindre à un travail régulier ni arrêter la dépopulation qui se dresse comme un spectre devant tous les projets de réforme et de réglementation. Le vent de mort qui souffle sur les archipels polynésiens n'épargne pas les îles Marquises ; ici comme ailleurs, les Maoris semblent fondre au contact de la race blanche (1) ; on rencontre peu de vieillards et peu d'enfants : le dernier des Marquisiens est peut-être déjà né.

Sans parler des estimations fantaisistes des premiers navigateurs, puisque les habitants d'une île accouraient en foule aussitôt qu'un bâtiment mouillait sur la côte, nous prendrons pour base deux recensements plus modernes.

En 1855, on comptait à Nouka-hiva 2,700 habitants, et 11,900 dans tout l'archipel. En 1872, ces chiffres se réduisaient respectivement à 1,600 et 6,000 (2).

La population a donc diminué de moitié en dix-sept ans. Et la progression continue sa marche décroissante : le recensement de 1883 n'attribue que 999 habitants à l'île de Nouka-hiva. Diverses causes contribuent à produire ce résultat effrayant : l'alcoolisme, la lèpre, les guerres et les meurtres. Les guerres de tribu à tribu sont aujourd'hui complètement éteintes ; mais les assassinats per-

(1) En Tasmanie, le dernier représentant des Maoris est mort en 1874. En Nouvelle-Zélande, les Maoris, qui étaient 80,000 en 1839, ne sont plus guère que 40,000, ayant diminué de moitié sous le régime britannique. (C. S.)

(2) L'Océanie française comprend en tout 26,000 kilomètres carrés environ et 91,500 habitants, dont 20,000 kilomètres carrés et 64,000 habitants pour la Nouvelle-Calédonie et ses dépendances voisines : actuellement, les Marquises seules n'ont guère plus que 5,000 habitants. (C. S.)

sistent; pendant la seule année 1879, dans un district habité par 600 individus, on a compté jusqu'à 30 hommes tués. Enfin, personne n'ignore que le blanc a le privilège de faire disparaître les races en contact avec lui. Aux États-Unis, ces races ont fui dans le Far-West; mais dans les îles, quand elles ne peuvent se soustraire à son voisinage, elles meurent.

Notre établissement des îles Marquises a-t-il de l'avenir? Certes, je voudrais pouvoir répondre affirmativement; mais la situation du commerce et de l'industrie est de nature à faire évanouir presque toute espérance. Outre les défrichements opérés par la mission, il n'a été fait à Nouka-hiva qu'un seul essai de culture, dirigé par M. Stewart, le même qui géra à Taïti la vaste plantation d'Atimaono. A quelques kilomètres de Taïo-haé, trente-six travailleurs chinois à ses gages avaient planté quarante-cinq mille pieds de coton. Cette tentative n'eut aucune suite; elle prit fin en 1873, lorsque la maison représentée par M. Stewart fut déclarée en faillite. Quelques Chinois provenant de l'exploitation se fixèrent dans l'île afin de se livrer à la culture pour leur propre compte.

Trois grands obstacles enrayent les progrès de l'agriculture : le manque de bras, les animaux errants, les sécheresses. Nous venons de voir que la race indigène est appelée à disparaître dans un avenir prochain : inutile d'insister de nouveau sur ce point. D'autre part, le nombre des animaux errants s'accroît d'une manière inquiétante : taureaux, chèvres, porcs, moutons, errent à l'aventure dans les taillis. Avec de tels hôtes, la culture est difficile et la circulation dangereuse. Ces animaux commettent des méfaits sans nombre : ils dévastent les plantations en broutant les jeunes pousses des cotonniers et en dévorant les écorces d'arbres. En troisième lieu, l'île est parfois soumise à des sécheresses prolongées : vers 1874, il n'est pas tombé de pluie pendant quatorze mois; une autre période de sécheresse a duré quatre ans.

Pour ces trois raisons et en ce qui concerne l'agriculture, l'archipel est resté à peu près ce qu'il était au moment de sa découverte. L'industrie et le commerce n'y sont plus guère en honneur. La seule industrie indigène, celle de la *tapa*, tuée par les importations d'étoffes européennes, consistait à frapper l'écorce de certains arbres avec un marteau de bois : on obtenait ainsi une matière blanchâtre à peu près homogène qui servait de vêtement aux femmes.

Quant au commerce, les exportations en 1883 ont atteint 400,000 francs pour tout l'archipel et ne portent que sur quatre articles : coton, coprah, fungus et bétail. Le coprah (cocos secs) est expédié aux savonniers en Californie; le bétail, capturé dans les montagnes, est envoyé aux archipels voisins. Le fungus, sorte de champignon, pousse sur les vieux arbres; c'est, dit-on, un des mets favoris des Chinois, à l'égal des nids d'hirondelle et des filets de caïman. Ce produit entre aussi, paraît-il, dans la composition des laques.

Depuis 1870, les goélettes américaines qui font le service mensuel des dépêches entre Taïti et San-Francisco relâchent à Taïo-haé. Quelques rares bâtiments de commerce y viennent mouiller de loin en loin; presque tout le fret, peu considérable d'ailleurs, est absorbé par la Société commerciale de l'Océanie, qui a son siège à Hambourg et des succursales dans tous les archipels. On a assuré, on a même imprimé que « Taïo-haé est sur la route de Panama à l'Australie ». Hélas! il n'en est rien : l'arc de grand cercle ou *route orthodromique* (ainsi que les navigateurs l'appellent), toujours suivie par les bâtiments à vapeur comme étant la plus courte, passe à six cents milles plus bas, à l'îlot de Rapa (1), point déjà choisi (vers 1867) comme lieu de relâche et dépôt de charbon par les paquebots anglais transpacifiques, les premiers qui relièrent les deux nouveaux mondes (2). Donc, l'ouverture du canal interocéanique ne saurait avoir aucune influence sur le développement ultérieur de l'archipel des Marquises. Notre colonie restera à l'écart, improductive et peut-être coûteuse, à moins que les communications à vapeur entre Taïti et San-Francisco (si jamais elles existent) ne viennent stimuler la production en lui ouvrant un débouché (3).

Albert Davin.

(1) L'île de Rapa ou Oparo a été placée sous le protectorat français en 1867 et annexée définitivement en 1881. (C. S.)
(2) L'Amérique et l'Australie.
(3) Il est évident pourtant que si l'on pouvait diriger des colons sur les Marquises et y exécuter les travaux nécessaires pour les rendre plus habitables, on pourrait tirer un bon parti de cet archipel non exempt de ressources. (C. S.)

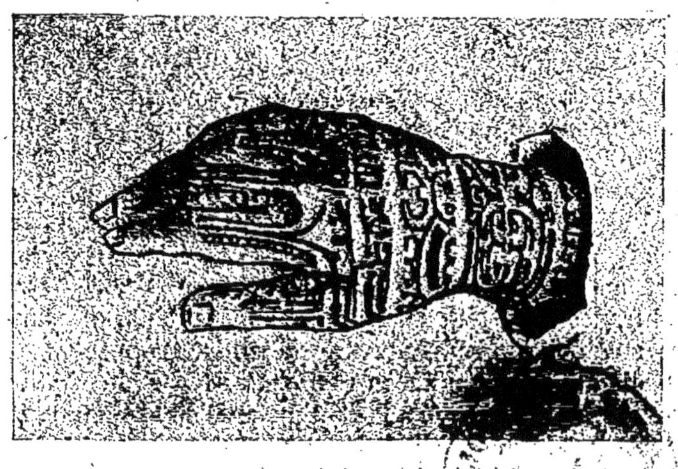

TATOUAGE DE LA MAIN.

www.ingramcontent.com/pod-product-compliance
Ingram Content Group UK Ltd.
Pitfield, Milton Keynes, MK11 3LW, UK
UKHW021938200726
13855UKWH00007B/1573